AF279648

POEMAS A TROCHE Y MOCHE

ADORADOM

Editorial *Metamorfosis*

Autor: Adoradom
Diseño de portada
y maquetación   David Román

© 2025 Adoradom
© 2025 Editorial Metamorfosis

ISBN: 979-13-87611-09-5

Dedicatoria

A todos Los que están o no leyendo mis poemas, os
agradezco de corazón toda su atención, y el tiempo
que disfrutan con la lectura, mejor forma de cuidar de
sus cerebros y mente.

Agradecimiento

Agradezco a mi mujer, hijos y familia por su apoyo en la realización de estos poemas, que de corazón me salen, y con ocasión de venirme a la mente, sale el poema, no sé si es bueno o no, pero lo intento, no me rindo.

Fibromalgia

Maldita enfermedad,
Que con dolores,
Se presenta,
Brotes numerosos,
Te hacen sufrir,
Malos ratos doloridos,
En piernas,
Espaldas,
Y brazos,a
Una maldición parece,
Castigo eterno,
De un día para otro,
Para andar, difícil,
Cansancio crónico,
Y un marido,
O mujer,
Que en silencio sufre,
Cuidandola y ayudandola,
Dándole curiño,
Amor y esperanza,
De que algún día,
El milagro de la cura,
Sea posible,
Imposible es,
Pastillas, cremas y opiáceos,
Hace que mejore,

Que la vida,
Sea de otra manera,
Pero es un engaño,
Cuando el brote dà,
Ni pastillas, ni cremas,
Efectivo no es,
Tumbada,
Dolor,
Sentada,
Dolor,
Cualquier postura,
Síntomas de dolor,
Imposible de parar,
Vida de sufrimiento,
Vida de dolores,
Incluso tentativas,
De suicidio,
Pido a ser posible,
Una vacuna,
Un tratamiento,
Una solución,
Por fin,
Para sanar,
Y descansar,
Las personas que sufren,
Esta enfermedad.

El hogar

Que es un hogar,
Cuatro paredes,
Con ventanas y puertas,
Muebles varios y cómodas,
Camas, cocina,
Y sin fin de comodidades,
Pues eso no es todo,
Un hogar,
Es un lugar,
Donde familias,
Momentos buenos,
Y malos pasan,
Un lugar,
Donde las emociones,
Sensaciónes de Unidad,
Aumento de familia,
Cenas y comidas,
Se realizan,
Los mejores momentos,
E inolvidables,
Ahí se producen,
Un lugar,
De donde nadie,
Quiere salir,
Donde a gusto se está,
Al lado de una chimenea,

Acompañado de tu mujer,
Hijos, nietos y abuelos,
Disfrutan de la familia,
De ese momento,
tan esquisto,
Que tan buen,
sabor de boca deja,
Quién dice que no?
A esos tiempos,
Tomados para descansar,
Tomar café,
Estar abrazados,
A los tuyos,
O a tu esposa,
Acurrucada en el hombro,
Disfrutando de la pasión,
Y sensacional abrazo,
Que se siente desde dentro,
Sensaciónes de paz ,
Cariño y amor,
Que más se puede pedir,
Estando en un hogar,
En tu hogar,
En unión de los tuyos.
Algo que jamás se olvida.
Algo que desearas a todos,

Que felices sean,
Disfrutar de lo que Dios,
Nos dió.
Algo que siempre recordaré.

Un día no deseado

Un día gris,
Del que nadie,
Desea pasar,
Desea no salir,
Es día difícil,
Que nadie quiere,
Son esos días,
Que de la cama,
No desea levantarse,
Puede ser por dolor,
Psicológico, mental,
O que una persona,
Desea amargar,
La existencia,
Una persona malvada,
Manipuladora,
Que quiere que pases,
Mal día,
Deseando todo mal,
Todo lo peor,
Pero alguien hay,
Que se lo hará pagar,
Sufriendo su ira,
Es Dios,
Ala y en el que crean,
Finalmente lo pagan.

El gato

Animal fiel,
Cariñoso y amoroso,
Cuida de los dueños,
Agradece el amor aportado,
Con caricias y ronroneo,
Que se le dedica,
Nos protege,
Cuando en peligro intuye,
Sus dueño le cuidamos,
Le alimentamos,
Le damos de beber,
Al veterinario lo llevamos,
cuando observamos,
Que se encuentra mal.
A un gato,
Se le quiere,
Nos muestra sus encantos,
Ronronea, cuando estamos con él,
Se hace querer y nos muestra que nos quiere,
Aún así,
Hay dueños,
Que los abandonan,
Sea por vacaciones,
Provocan cada día,
Cada mes,
Y cada año,

Abandono masivo,
porque les impide ir a ningún lugar,
Que pasaría, sin el gato le dejará a ellos,
Tirados en la calle por que de vacaciones se va,
Ejemplo deberían dar los humanos,
y no abandonarlos,
Son nuestros amigos, nuestras mascotas,
Pues si puedes ir, llévatelos,
No los dejes tirados,
A ti no te gustaría que te lo hicieran,
No lo hagas y no seas un mal dueño de tus mascotas.

El sol

Ese gran astro,
Que deja rastro,
Por donde pasa,
En verano arrasa,
En invierno luce,
Da luz a la vida,
Plantas y cuerpo,
Así como, alimenta,
Nos pone morenos,
Y nos ayuda con la vitamina del sol,
Nos da fuerza,
Y energía,
Para seguir viviendo,
Y regenerando la piel,
Donde hace falta,
Es un foco dorado,
Un círculo que nos vigila,
Mira por nosotros,
Y por toda la tierra,
Si no lo tuviéramos,
Muertos estábamos,
Es un necesario,
Aunque poco nos queda,
Pero que dure mucho.

Romeo y Julieta

En un día hermoso,
Con mucho colorido ,
Un prado florido,
Aparece en un camino,
Una doncella ,
Muy bella,
Mé dirigido hacia ella.
Que muy linda es,,
Una rosa roja ,
En mi corazon,
Se incrusto,
Y me enamoro,
Sus ojos penetrantes ,
Hace que sienta mariposas,
Es un amor deseado ,
Por mi alma adorado ,
Con pleitesía ,
Y cortesia ,
Ademas con buena educacion,
Con vos doncella mía,
Comienzò una conversación,
Traigo mi corazon ,
Al regazo de usia ,
Con gran alegria ,
Persiguiendo un afan,
Obtener su amor incondicional,

Buscando tener,
En mi corazon,
Y mi alma en paz ,
De linaje y nobleza ,
Carezco,
Más,
Pobre y honrado, soy,
Fiel, sobretodo,
Animales y carros ,
Ofrezco a su señoria,
Pedir la mano ,
Cuan pobre soy,
De una dama ,
Que engrandece mi amor,
En cada momento,
Que a su lado estoy,
Es un sentimiento que jamas sentí,
Y por cual sufro,
Amargura y esperanza,
Yo muero, por ella.
Vos doncella ,
Con brillo cegador,
Se me sale del pecho,
El corazón,
Quereis a un mortaraz ,
Sin armadura,,

Y con ropas del rastrillo,
Hermoso vestido estais luciendo,
Es más deslumbrais,
Por donde paseais ,
A varon que campea ,
Por estas veredas,
Verde esmeralda ,
Son vuestros ojos ,
Bellos y hermosos ,
Que loco me vuelven,
Por vuestros huesos,
Y belleza divina,
Palpita mi corazon ,
De amor, con razon ,
Su hermosa figura ,
Bella escultura,
Observo,
Que me lleva,
Por el camino de la amargura,
Mi alma,
Ya sueña con vivir,
Con ella,
Y la amo en mi interior,
Su faz linda,
Sin duda es,
Una hermosa flor,

Que por donde vos pasa ,
Crecen las flores,
Hermosas,
Y preciosas.
Romeo la espera,
Al otro lado de la acera ,
Con el corazon partío ,
Que de amor sufre,
Julieta ,
Toma una decisión por favor,
No me dejes sin respuesta,
Respuesta necesito ,
Me quereis o no,
Mi corazon,
Sufre esta esperanza,
Que de sus lindos labios espero,
Ansioso vengo ,
Mas aún retengo ,
La impaciencia con dolor ,
Por una decision definitiva.
Sera de mi dama ,
O no,
El futuro lo dirá,
Mas no llama ,
Ni repuesta tengo ,
Mi ilusión se apaga,

Mas por amor,
Sigo aquí,
Doncellas aparecen,
Con sonrisas y alegria,
Entre ellas,
Julieta,
Esperanza observo,
Un final se acerca ,
Detrás de una verja ,
Contestacion espero ,
De una decision soñada.

Mi dama habla ,
Comunica amor,
Con calma ,
Para unirse sin tardar ,
A pasar por el altar ,
Y una bonita familia formar.

Amor a primera vista

Tiempos de antaño,
Ya hace años,
Nobles y vasallos,
Conviven con sus lacayos,
Riquezas poseen,
Los muy avaros,
Con tributos ensangrentados,
A sus leales aldeanos,
Dentro de ese mundo,
Surge una historia,
Maravillosa,
Entre una dama,
Y un caballero,
Preciosa,
Y hermosa,
Con ojos,
Del color del mar,
Con vestido de princesa,
Y sus pies,
Cubiertos de terciopelo.
Luciendo el pelo,
Color del sol,
Dejando rastro,
Tras ella.
Un hidalgo caballero,
Aparece,

Y ve a tan bella flor,
Que enmudece,
Ni una palabra,
De su boca sale,
Y se pregunta,
De que castillo,
Ha salido,
Tan linda flor,
Donde estaba,
Cuando ella nació,
Hermosura luce,
Belleza inmensa posee,
Y yo tan feo,
Como me va a querer,
Tan bella mujer,
A un caballero,
Que riquezas no poseo,
Con una humilde morada,
Y un caballo llamado Centella,
No por su rapidez,
Si no por su estilo,
Y color,
Mis dudas tengo,
Si la dama,
¿En mi se fijará?,
O me ignorará,

Intento haré,
Mas no se si lo lograré.
La dame al verlo,
Le hace llamar,
Con espada presta,
Cabalga a su presencia,
Ni el calor,
Ni el granizo,
Al llamamiento,
Faltaría,
Ante tanta lindeza,
Que parece de la realeza,
Mi corazón palpita,
Deseando llegar,
A su lado,
Sin tardar.
Por fin,
A su lado estoy,
Angustiado,
Y enamorado,
Enfermo de amor,
Me encuentro,
Soy galan domado,
A primera vista,
Conquistado,
Por una dama,

De alta alcurnia,
Mas de rodillas,
Me postro,
Por respeto,
Y Pleitesía,
Mas me pregunto,
¿Qué destino me espera?
Que me platicará,
La dama,
Ausente se le ve,
Mas ni una palabra dijo,
Observando se queda,
Pensando,
Que tendría en su mente,
Si equivocada estaba,
O no,
Cuando me citó,
Mi cabeza,
Piensa mal,
No me extraña,
Resultado espero,
La espera,
Breve fue,
Larga se hizo,
Una invitación,
Me entrego,

Para ir a su castillo,
A asistir,
De gala,
Y bien vestido,
Para una fiesta,
Presentarme,
Tras mi nombre pedir,
Y anotarlo,
Con una pluma,
Con forma,
De corazón.
Esperó,
Que de un comienzo sea,
Y el suelo,
Con ella,
Cumplido se vea.

El bosque

Noche preciosa ,
Mañana primorosa ,
Hacen del dia ,
Hermosa profecia.

Pajaros de altura ,
Vuelan con soltura ,
La presa observa,
A los que guerra,
Dan.

Viandas necesitan ,
El campo crea ,
Para que las alimañas ,
De la noche,
Se alimenten.

Muchos,
Y abundantes ,
Ruidos primaverales ,
Bajo la luna,
Acompañada de estrellas,
Suena el balanceo,
De los arboles,.
Y de las hojas.

Un pájaro,
Se observa,
De colores vistosos,
Y hermosos,
Tiene un dulce cantar,
Y un hermoso concierto,
Da,
Fuera por la noche,
O por la mañana,

Una linda noche,
Donde los arboles bailan,
Una dulce melodía,
Repartiendo tranquilidad.
Y paz.

Un arroyo corre,
Con silencioso,
Y tranquilo caudal,
Nacido,
En la montaña.

Lagos y lagunas,
Extensos,
Como ninguna ,
A pescadores,
Atrae.

Noches penetrantes ,
Con aves ululantes,
Y rapazes ambulantes ,
Crean en verdad ,
Ambiente de intimidad.

Calma la violencia,
Y la paz,
Reverencia ,
A pasar con razón ,
El momento de seducción.

Gotas caen,
Acariciando,
Arboles,
Y arbustos,
Creando regueros,
Alimentando,
La fresca vegetación ,

Agradecidas,
Se encuentran ,
Y recuperan ,
Las hojas dañadas,
Y tardias.,

El estrellado cielo ,
Acompaña al suelo ,
Con la luz,
De la luna,
Que al suelo ayuda.

El bosque ,
Se cuida,
Con el polen,
Que vuela,
Se reoblá,
Y poliniza,,
Los futuros,
Arbolitos,
Y arbustos,
Compartidos.

Sueños

Que son los sueños,
Momentos nocturnos,
Y diurnos,
Soñamos despiertos,
Y dormidos,
Soñamos cosas bonitas,
Y a veces,
Horribles,
Pesadillas,
Con final feliz,
O para no recordar,
Soñamos,
Dinero y mansiones,
Más cuando despertamos,
Nos desilusionados,
Soñamos,
Los enfermos crónicos,
En un milagro,
Curación sana,
Y verdadera,
Soñamos,
Conocer a un príncipe azul,
O una linda princesa,
Pero solo,
Son sueños,
Que cumplirse,

Pueden o no,
De cada uno,
O una depende.
Soñamos,
Una esperanza de vida,
Una larga,
Y fructífera,
Supervivencia,
Soñamos,
Con un prado,
De verde hierba,
Y flores distintas,
Con buen olor,
Olor a campo,
Soñamos,
Estar en la playa,
En la orilla sentados,
Con sombrilla,
Y nevera,
Los pies remojados,
Por el agua del mar,
Soñamos
Siempre ilusionados,
Sin creer,
Lo soñado,
Después de dormir,

Y soñar despierto,
Al volver,
Nos desilusionados,
Y seguimos soñando.

Buscando el amor

Camino tras camino,
Vereda tras vereda,
A un bosque hermoso,
Va, cereceda.

Entre pueblo y pueblo,
Anda un mulo,
Portando,
En sus alforjas,
Un corazon,
Enamorado.

Personas,
Encuentra a su paso,
Que gentilmente,
Saludan,
Al hidalgo caballero,
Con cortesía y amistad.

Que camina,
Hacia un divino lugar,
Donde las flores,
Prosperan,
La arboleda,
Da fruto,
Y su dama,
Crece bella,
Hermosa,
Como una rosa,
En primavera.
Engalanada,
De grana y oro,
Acompañada,
Del rey sol,
Un lindo,
Rostro muestra,
Al caballero,
Hipnotiza.
El buen hombre,
Cantaros transporta,
Llenos de amor,
Sus ojos,
Y su corazón,
Hace que el hidalgo,
De gracias a dios,
Ante tal hermosura,
Hallada.

Recorrido el camino,
El caballero,
Decidido,
Algo bueno,
Ha crecido,
Un amor,
Por una dama,
En un paisaje florido.

El radiante sol,
Y la brisa,
A mi señora,
Pretende,
Celos tengo,
Cuando su rubio manto,
Te acaricia.

Los pajaritos,
Le cantan,
Las ardillas,
Le observan,
Y en su oreja,
Suaves melodías,
Susurran,
Con cariño,
Y amor.

La naturaleza,
Te arropa,
El suelo,
Te acaricia,
El sol,
Peinándote está,
Esos lindos cabellos,
Que deseo acariciar,
Linda mujer,
Que a sus pies,
Me postro,
A dios le pido,
Que un día,
En la lontananza,
Y con el tiempo,
Que mi sueño,
Se haga realidad,
Se convierta,
En felicidad.

La guerra

Cuando vemos el final,
De esta vida nuestra,
Entonces,
Y Solo entonces,
Nos damos Cuenta,
De lo que tenemos,
Por lo que realmente,
Se lucha,
Por nuestra vida,
Y la de los demás.
La Vida,
Es un don,
Que Dios,
Nos dio,
Algunos,
No Lo agradecen,
Otros,
Están ciegos,
Y por venganza,
No llegan a respetarla,
Asesinando,
Y Violando,
Quien sufre,
Estas desgracias?,
Familias enteras,
Los padres,

Mujeres e hijos.
E incluso Abuelos,
Y otros familiares,
Los que matan,
No tienen Corazon,
Tienen un demonio,
En su interior,
Que asesina,
Sin razón,
Poseídos por el mal,
Se encuentran.
El Maligno,
Les obliga a matar,
Disfrutan matando,
Regocijándose después
Del Mal hecho,
Para ellos,
El bien realizado,
No se dan cuenta,
Que son vidas,
Las que quitan,
De personas,
O animales,
Que no merecen morir,
Bombardean,
Y tirotean,

A civiles,
Y militares,
De ambos bandos,
Son unos guerreros,
Soldados,
Con Ansía de matar,
Que en pocos días,
Cuando a la guerra van,
Quitan vidas,
Por que sí,
Por invadir un país,
¡Señores y Señoras,
A donde llegaremos!,
Los que matan,
Son homenajeados,
Encima,
Los condecoran,
No se dan cuenta,
Que las victimas,
Son personas,
o animales,
Para sirve una guerra?,
Para nada,
Para presumir,
Conquistas,
Y decir,

Esto es mío,
A costa de que,
De muerte,
Enfermedad,
Y hambre,
Llanto y perdidas,
De seres queridos,
Ruego a Dios,
Que pronto acabe,
Y a su casa vuelvan,
Las personas,
Desahuciadas,
O expulsadas por la guerra,
A sus hogares,
A restaurar,
Y vivir,
Y olvidar,
Estos Horrores bélicos,
Imposibles de Borrar,
A estas personas,
Mi apoyo,
Les dedico,
Y toda la suerte,
Para poder llevar,
Una nueva vida,
Y de cero,
Empezar

Un amor accidental

En un lugar muy distinguido,
Pasea Celer distraído,
Tropezando con un guijarro,
De la medida de un cigarro.

(se le aproxima una dama, habla Celer)

Celer:
Que metal es éste,
Que llama a la buena suerte,
En forma de bella dama,
Para socorrer a un caído.

Nemenia:
Ninguna, señor mío,
El destino nos ha unido,
Por un guijarro perdido,
Que ha saber cual es su sino.

Celer:
Una duda me corroe,
¿Cómo tan bella flor,
Ha terminado en fijarse,
En una col como yo?.

Nemenia:
No seáis tan orgulloso,
Vil caballero,
Que no sois tan hermoso,
Pero rebosáis simpatía,
Y agradecimiento.

Celer:
Siento mi descaro,
Hermosa dama,
Más mi corazón aclama,
Clemencia al ver su belleza.

Un rayo me atravesó,
Al ver tan bello esplendor.
Me ha roto el corazón,
Una bella y hermosa flor.

Nemenia:
Observo caballero,
Que me ronda con esmero,
Como a un tercio pelo,
Se tratará,
Más mi corazón es certero,
Para decidirse por un galán,
Y caballero,
Esta claro,
El destino nos encontró,
Y su paladín nos unió,
Mi corazón es vuestro,
Y el vuestro mío,
espero,
No lo dudéis,
Mi señora,
Suyo seré,
De por vida,
y siempre fiel,
A sus pies.

El beso

El beso,
Es voluntario,
Nunca Forzado,
Ni robado.

El beso,
Es un gesto,
De amor,
Amistad,
O cariño.

Se da,
A un familiar,

Y a un ser querido.
Es un lenguaje,
Que entienden,
Dos enamorados,
Cuando no se ven,
Desde antaño,
O a la vuelta,
Del trabajo.

El beso,
Siempre estará,
Hasta para un desconocido,
Conozcamos,
O no.
Beso o abrazo,
Recibirá.
Existen,
Tipos de besos,
El que se da,
Por amor,
O Amistad.

Un beso,
A cualquiera,
No se da,
Hay quien lo merece,
Y Quien no,
Del comportamiento,
Depende

Un hotel encantado

Andando por un camino,
Yendo a la aventura,
Me distraje si querer,
En un hermoso verdor,
De un prado próximo,
A un parador,
Acompañado,
Iba del rey sol,
Cuando sin darme cuenta,
Anocheció.
Y gotas,
Empezaron a caer,
Corriendo busque,
Un lugar,
Donde parar,
Y no mojarme
Sin más,
Empapado iba,
Y visualice,
A la lontananza,
Un grande y enorme,
Edificio abandonado,
Y sin luz,
Digno de la realeza,
Cerca de donde me encontraba,
Corrí como una liebre,

Al supuesto lujoso hotel,
Cuyo nombre no se veía,
En el suelo,
Y arrancado,
Allí se hallaba,
El nombre,
Boca abajo estaba,
Su nombre apenas se ve,
Entre,
Y la puerta cerré,
De telaraña,
Lleno estaba,
Limpieza,
Necesaria era,
Voces di,
Mas nadie,
A mi auxilio,
Recibí,
La chimenea,
Que apagada estaba,
De pronto,
Sola se encendió,
Perplejo me quedé,
Y a ella me acerque,
Antes de llegar,
Una silla,

Se aproximo,
Y asustado,
Me quedé,
Que misterio,
Se oculta,
En aquella oscura,
Y sombrío,
Inmueble,
Sorprendido me vi,
Cuando en la mesa,
Encontré,
Recién hechos,
Y abundantes,
Viandas variadas,
Al principio,
Temeroso estaba,
Tras minutos,
E imposible aguantar,
Tan buen olor,
No me resistí,
Vino, pan,
Y carne,
Allí presentes,
Consumí,
Mientras me alimentaba,
Desde el interior,

Alguien me hablo,
Diciendo,
Quiere algo más,
Paralizado me quede,
Y al reaccionar,
Pregunté,
¿Quién anda ahí?,
Miedo me daba al mirar,
Pero nadie respondió,
Cuando pude me volví,
Y a nadie vi,
Cuando un poco me relaje,
Una silla se movió,
Y corriendo salí,
A puerta me dirigí.
Imposible abrir,
Una risa escuche,
Y la puerta,
A mi espalda deje,
Observando la escalera,
Allí quede,
A un lado y otro,
Nadie había,
Asustado estaba,
Todo a mi alrededor,
Se cambiaba,

O modificaba el sitio,
Ví,
Volaban butacas,
Se oían risas,
Voces,
Y susurros,
Corriendo salí,
Para subir,
Por escaleras,
De izquierda,
A derecha,
Un largo pasillo,
Encontré,
Y cada habitación,
Entrar intente,
Todas cerradas,
Ninguna abierta,
¡Oh! Casualidad,
Una abierta está,
Dentro entre,
Y la puerta cerré,
Numerosos golpes,
Sentí,
El miedo aumentaba,
Pasado un rato,
Todo cesó,

Agachado me quedé,
Tras la puerta que abrí,
Confiado,
De que todo acabo,
Algo observé,
A mi lado estaba,
Sin darme cuenta,
En un espejo,
Me fije,
Un anciano,
Se reflejaba,
Un salto di,
Y debajo de la cama,
Me oculte,
Mal sitio pille,
Un niño,
Sin ojos me encontré,
Del susto,
Encima de la cama,
Me subí,
Tos me entro,
Cuando el polvo,
Se levantó,
En un rato,
La tos se fue,
En el cabecero,

Figuras de niños,
Grabados tenia,
Al acercarme,
Las cabezas,
Se movieron,
Y hui,
De esa habitación,
Di un portazo,
Y al salir,
La alfombra,
Que el suelo cubría,
Me perseguía,
No encontraba sitio,
Donde ocultarme,
Una puerta roja,
Apareció,
Delante de mí,
Y por ella entré,
Con llave cerré,
Arrepentido me quedé,
Era un sitio,
Mas horrible,
Y fantasmal,
Sabanas por doquier,
Espejos curvados,
Un caballo de madera,

Que, en movimiento,
Se puso,
Sin estar,
Encima nadie,
Y al fondo,
Un ventanal,
Enorme presencie,
A la misma me acerque,
Y milagro,
Se abrió,
Casualmente,
Al mirar al exterior,
Una canalera vi,
Y de un salto,
Me agarre,
Hasta el suelo llegue,
Aunque lloviera,
Igual me daba,
Me marche,
Casi el amanecer,
Lo que tarde,
En salir,
De aquel hotel,
Al que jamás volveré.

Un viaje ansiado

Un día cualquiera,
Una maleta cogí,
En ella metí,
Todo aquello,
Que llevar desee,
Entre enseres,
Ropa y otros,
En camino marche,
El taxi,
Esperándome estaba,
Para un avión coger,
El trayecto,
Largo se hizo,
Hasta la llegada,
Al aeropuerto,
Larga se hizo,
Pero llegué,
A Díos gracias,
Por rutas que no conocía,
Circulo,
Todo para cobrar más,
Y por fin,
El avión,
Cogí,
Los motores arrancaron,
con suave ruido,

Despegamos,
La pista,
Lentamente dejamos,
Al menos parecía,
En el aire,
Una azafata,
Con bebidas,
Y piscolabis,
Se presento,
Ofreciendo variedad,
Aceptando,
De todo un poco,
Satisfechos,
Quedamos,
Mirando por la ventana,
Las nubes,
Nos arropaban,
y aveces,
Montañas,
Al fondo se veián,
Enormes,
Mi destino,
A cinco horas,
Quedaba,
Paciencia tenía,
Almohada cogí,

y una cabezada dí,
Durante el vuelo,
El avión,
Comenzó a temblar,
Y me desperto,
Soñaba,
Que en la Playa estaba,
Tomando el sol,
Sombrilla,
Hamaca,
Y un libro Leyendo,
Pero las turbulencias,
Del Sueño me saco,
La azafata
Avisando estaba,
De las turbulencias,
Acontecidas,
Incorporándome,
Un pasajero,
Se levanto,
Y gritos,
Comenzó a dar,
Borracho estaba,
Y alcohol,
Quería,
En poco rato,

La Seguridad,
Controlo,
Y la situación,
Se paso,
y esa persona,
Durmiendo se quedo,
Por fin,
Pasados unos minutos,
Avisando estaban,
De cinturones ponernos,
El aterrizaje,
Próximo estaba,
Sentí el roce,
Que las ruedas,
Del tren de aterrizaje,
Como un salto,
El Suelo se posó,
Y poco a poco,
Desacelerando iba,
Hasta parar,
La salida se abrió,
y por la escalera,
Bajamos,
Un taxi,
A la salida,
Esperaba,

Y al hotel llegue,
De ropa me cambie,
En la Playa,
Me tumbe,
La sombrilla,
Sombra me daba,
y en la hamaca,
Me relaje,
Por fin,
Las vacaciones,
Inicié.

De bebe a jubilado

Del Vientre,
De una mujer,
Procedemos,
De dos personas,
Que decidieron,
Al mundo traernos,
Y dispuestos,
Con su vida,
Criarnos,
A los nueve meses,
Nacemos,
Cantando reaccionamos,
Y cuando en brazos,
Nos cojen,
Una inmensa paz,
Nos llena,
Nos limpian,
Y a nuestros padres,
Nos hacen entregan,
Con amor y cariño,
Nos besan en la frente,
Y nos acurrucan,
En sus brazos,
Nos alimentan,
Cada dos horas,
Y media,

Nos cambián,
De pañal,
Nos bañan,
Con mucho cuidado,
Hasta que en preescolar,
Empezamos,
Comienza nuestro,
Alumnado,
La enseñanza,
Que poco a poco,
a primaria,
Comenzamos,
Etapa mas dura,
Y mas madura,
Buenas notas,
Intentamos sacar,
Con ejercicios,
Y estudios,
Para progresar,
Y a secundaría,
Pasar,
Llega la hora,
De los codos hincar,
Y el Bachiller,
Superar,
experiencias nuevas,

adquieren,
orientadas al futuro,
Un examen final,
De toda la vida,
Hay que aprobar,
De ese examen,
Primordial,
Buena nota,
Sacar,
Para médico,
Técnico,
O administrativo,
Llegar a ser,
Mas otros,
Muchos años,
Sin parar,
De estudiar,
Conseguida la plaza,
A prueba te tienen,
Hasta que por fin,
Indefinido te hacen,
Y tu vida haces,
La vida es dura,
Desde el nacimiento,
Hasta por fin,
Tu vida establecer,

Y con el tiempo,
Jubilarte,
Con descendencia,
O sin ella,
Con nietos,
O sin ellos,
Descansando,
De un trabajo,
Bien realizado,
Con una digna pensión.

El mar

Su agua,
Baña la arena,
Muy lentamente,
Repartida queda,
La espuma,
Bonita queda,
Cuando a la playa,
Llega,
Su agua,
Calentita,
O fria,
Se agradece,
Cuando el calor,
Ataca a la gente,
Peces trae,
Y bonitos,
Se ven,
Viven en su medio,
Y nadie les molestan,
Las medusas,
Problemas dan,
Picotazos,
Y rasquiña,
Se sufre,
E incluso,
Al médico,

nos presentamos,
Con una cremita,
Poco a poco,
Se nos pasa,
Pero de ellas,
Acordadomos,
Lo mejor,
Es la arena,
Con tumbona,
Toalla,
Muy bien lo pasamos,
Y morenos,
nos tornamos,
Un sombra,
Nos covija,
Bajo la sombrilla,
Refrescos traemos,
Comida fresca,
También,
y sobretodo,
Paz y tranquilidad,
Se siente,
Cuando una ola,
Se une,
A la arena,
Ese día,

Todos disfrutamos,
Con familia o soltero,
Con amigo o amiga,
Un buen día,
Para decir,
He estado en la playa,
Salimos llenos,
De Sal,
Y arena,
Y por la ducha,
A la salida,
Nos pasamos.

Un lugar inolvidable

Sentado,
A la orilla,
De un lago,
Con las estrellas,
Brillando,
Y la luna
Reflejada en el agua,
Se observa,
Un pez,
Saltando,
Una rana,
Croa,
Los pajarillos cantando,
Y un ligero,
Viento,
Nos acompaña,
Miramos al agua.
Formando olas
Pequeñas,
Sonando,
Contra la orilla,
El sonido,
De los grillos,
Y las luciernadas,
Alumbrando el lugar,
Junto a una tienda,

De campaña,
Al lado,
De una horguera,
Abrazados,
Y cubriendonos,
Con una manta,
Calentitos,
Felices,
Y agradecidos,
De esa maravillosa,
Noche,
Hasta el amanecer,
De un nuevo día,
Un lugar,
De donde nunca,
Nos quisiéramos,
Ir,
Ni marchar.

La falta del amor perdido

Cuando enamorado estas,
Y muy a gusto,
Te encuentras,
Jamas piensas,
En que ese momento,
Jamas,
Se acabará,
Pendiente estas,
De tu pareja,
Esposa,
O amiga,
Rememoras,
Cada momento,
Cada instante,
Tu primer beso,
Abrazarse,
Sin querer soltarse,
Como si el tiempo,
Se fuera acabar,
Esos momentos,
Que siempre,
Perduran,
Felicidad,
Se llama,
Y la verdad,
Nos gustan,

Dificiles,
De olvidar,
No quisiera nunca,
Perderla,
Pero en nuestra mano,
No esta,
Alguien,
En el cielo,
Nos observa,
Nos califica,
Y Decide,
Cuando no vamos,
A su compañia,
Quieras o no,
Todo llega,
Y para eso,
No hay solución,
Cuando la hora,
Nos llega,
Ni San Pedro,
Lo impide,
Flota nuestra alma,
Y el cuerpo,
Se queda,
Es nuestro final,
Queramos o no,

Ojalá,
Muy Lejano,
No este,
Aunque,
A la vuelta
De la Esquina,
Nos puede pasar,
Disfrutar,
De la vida,
Y de esos momentos,
Inovidables,
Por que tarde,
O Temprano,
Nos llegará,
Y ninguno de los dos,
No nos queremos,
Marchar.

Mi perro

Blanco,
Como la nieve,
Ojos,
color del cielo,
Y cuatro meses,
Tiene,
Ayer llego,
Asustado,
Con busqueda,
De cariño,
Y amor,
De la familia,
Que lo adopto,
Muy listo,
Mostrando cariño,
El Schnauzer,
Se hace querer,
Entre ojos,
Se mete,
Mi cachorro,
Tranquilo es,
Y dormilon,
También,
Sus ronquidos,
Por la noche,
Se oye,

Descansa,
Y deja dormir,
Su mirada,
Muchas cosas dice,
En su barriga,
Caricias quiere,
Y en su oreja derecha,
Cosquillas tiene,
Le falta hablar,
Y nuestro corazón,
Nos ha robado,
Y nosotros,
Mucho lo queremos,
Cuidados,
Le damos,
Alimento,
Y agua,
Compi,
Se llama,
Para algunos
Feo,
Para nosotros,
Bonito,
Y adecuado,
Nos acompaña,
Juega,

Y bien se lo pasa,
Es nuestro perro,
Y por nada del mundo,
Lo cambiaremos.

El río

Entre rocas,
Y cañas,
Circula,
Clara y transparente,
Desde el nacimiento,
Poco a poco,
Comienza su andanza,
Aumentando,
Conforme baja,
Peces va adquiriendo,
Por su camino,
De especies diversas,
y variedades,
Las plantas,
Regando va,
En sus orillas,
Arboles,
Arbustos,
Y matorrales,
También,
Vida va brotando,
En su interior,
Cangrejos,
Y otros animales,
Que la corriente trae,
El sonido,

Del agua corriendo,
Los Saltos,
Los peces saltando,
Los animales,
Saciándose de agua,
Y los osos,
Cazando peces,
Para alimentarse,
Un rio,
Es un lugar,
Donde pasar,
Un día,
Unos momentos,
Inolvidables,
Y encantadores,
Donde los niños
Y niñas,
E incluso adultos,
En ellas se engullen,
Y disfrutan,
En profundidades adecuadas,
Cuidándose,
De la corriente,
Sintiendo su frescura,
En agua tranquila,
Despejando,

Mente y Alma,
Del trabajo semanal,
Sufrido,
Y disfrutando,
De tan bello día,
Desde el margen del rio.

El Carro

Es una pieza,
Dividida en otras,
Es un turismo,
Con motor,
Sea diésel,
Gasolina o eléctrico,
Revestido de chapa,
En su totalidad,
Con cuatro ruedas,
Y la de repuesto,
Con piezas de Plástico,
Y tejido.
Pero un coche,
Aparte de eso,
Son recuerdos,
Malos o buenos,
Que nos lleva,
Y nos trae,
Disfrutamos,
De la conducción,
Horas y horas,
De sus asientos,
Del motor ronroneando,
Como un gato,
O un perro,
Quién no recuerda,

Los casetes,
Los DVD,
Y la radio,
Aquel momento,
En que ponen,
La música,
Que nos gusta,
Y subimos el volumen,
E incluso cantamos,
Solos o acompañados,
En ese momento,
Sentimos,
Que estamos,
En un concierto,
Y que la gente,
nos vé,
Cuando se acaba,
Bajamos volumen,
Y Viaje normal.
Es una sensación,
Que gusta,
Otros momentos,
También tenemos,
Cuando estamos,
Con la Novia,
O novio,

Platicando,
Debatiendo,
O hablando,
De nuestras cosas,
También las miradas,
Que atraen,
Durante un momento,
De silencio,
Acompañado,
De aquellos lindos besos,
Tan bellos y hermosos,
Y con mucho sentimiento,
Que nos damos.
El tumbarnos
Para el amanecer,
ver,
En el capo delantero,
Acurrucados,
Tranquilos,
Y enamorados,
Sintiendo el latir,
Del corazón,
De uno al otro,
Ese bello momento,
Tampoco se olvida.
Un coche,

No es un turismo,
Solamente,
Es un baul,
Con recuerdos,
Que siempre,
Sentiremos,
Y recordamos,
De aquellos momentos,
Disfrutados.

La cerveza

Bebida espumosa,
Con cebada,
Lupulo,
y otros,
La hay sin alcohol,
Con Alcohol,
Filtrada,
Sin filtrar,
Mas que el vino,
Se bebe,
Internacional.
Es,
En botella,
Lata,
En plástico,
En muy diversas formas,
Y colores,
Verdes,
Marrones,
Sus sabores,
Variados son,
Mas Fuerte,
Floja,
Suave,
Es una bebida,
Que para el gusto,

Algunos,
Le Gusta,
A otros no,
A otros le perjudica,
Y en problemas,
Se meten,
A otros,
Mal le sienta,
Mareados,
Terminan,
Y vueltas,
La cabeza,
Da,
Para los malos bebedores,
Mejor no probar,
Y los violentos,
No pueden verla,
Por que en demonios,
Convertidos quedan,
y las peleas,
Malos tratos,
Aparecen,
Y en prisión,
O muertos aparecen,
En Coche,
O atropellados,

También,
Algunos,
Con un golpe,
Mal dado,
Fallecen,
Con el alcohol
En general,
Prohibido,
Pasarse está,
Con cuidado,
Y precaución,
Por un buen camino,
Os llevarán.

Un evento medieval

Cantares,

E historias,

De juglares,

Narran,

Estos músicos,

Ambulantes,

De reyes de antaño,

Cuentan desventuras,

Y victorias,

En castillos,

Medievales,

Mas en su interior,

Inmensas mesas,

Con manjares,

Viandas,

Y jarras de vino,

Cada uno tiene,

Tiene sirvientes,

Que llenan,

A requerimiento,

Del Mortaraz,

Que lo solicita.

Un juglar,

En el centro,

Del salón real,

Obtiene la atención,

A ricachones,
Duques y condes,
Allí presentes,
Canta, toca,
Y muestra,
Sus habilidades,
Saltos,
Y el sonido,
De cascabeles,
La gente ríe,
De sus gracias,
Finalizado,
Comienzan,
Peleas falsas,
Entre esclavos,
Que presencian,
Sin daños hacerse,
Varias bailarinas,
Posteriormente,
Salen,
Danzan,
Ante sus señorías,
Con hermosa melodía,
Encandilan,
A los invitado.
Disfrutan,

Y participan,
Los caballeros masones,
De aquel Festival,
Con vino,
Comida,
Y de más,
Sus bocas,
Llenas tienen,
Y a los artistas,
Ni agua,
Reciben.
Cíngaros,
Allí se encuentran,
Con mujeres y niños,
Mostrando,
Sus atracciones,
Que realizan,
Sin recibir,
Moneda alguna.
El castillo vigilado,
Está,
Con guardias,
Armados,
Con armadura,
Lanzas y espadas,
Prestas,

Al servicio del Rey,
Por doquier,
Por si escaparse,
Intentaran.
Llega el final,
Todos saciados,
Bebidos,
Y satisfechos,
Quedan,
Yéndose,
De la Morada,
Con sus esclavos,
Esclavas,
Y concubinas,
No sin antes,
Reverenciar,
Y prestar sus respetos,
A su majestad,
Alagándolo,
De tan inmenso festín,
Y el buen trato recibido,
Esperando,
Sin más,
El próximo,
Manjar,
Evento,

O similar,
Pendiente,
De anunciar,
Y poder regresar,
Tras una invitación real.

La boda

Con lujosos,
Y caros trajes,
Comienza una boda,
Camino de la iglesia,
Allí se dirige la pareja,
En limusina,
Y carruaje,
Adornados estan,
De ornanmentos,
Nupciales.
Para el evento,
Contentos,
E ilusionados,
Marchan,
Por separados,
Como normal es,
Para unir,
Sus vidas,
Hasta el final.
Nervios,
Retienen,
Sin dudar,
Mas llegar desean,
A la puerta del Santuario,
Para sus votos,
Glorificar.

Escaleras,
De subida,
Les separán,
Cuan al llegar,
Se bajan,
De aquella,
Estrella fugaz,
Que al matrimonio,
Felizmente desean,
Portones enormes,
Abiertos se ven,
Y muchas damas,
Y caballeros,
Esperan,
Tan bella Unión,
Poco a poco,
Entra la pareja,
Uno detras de otro,
Sus miradas,
No se despegan,
Enamorados van,
A su encuentro,
Por fin al altar,
Un sacerdote,
Con sotana,
Les espera,

Comienza la boda,
Lecturas varias,
Oran,
Llega el momento,
Sus votos,
En voz alta,
Nombran,
Con anillos,
Lo sellan,
Y sin ningun impedimento,
Marido y esposa,
Son,
Y una larga vida,
De felicidad plena,
Les espera,
Deseada y prospera,
De amor y esperanza,
Finalmente concedida.

Un día de pesca

En la orilla me encontré,
Preparando las cañas,
Cebos y Sedal,
Finalmente,
La pesa,
Para lejos,
Mandar,
En el anzuelo,
Un gusano,
Maíz,
O pez artificial,
La fijación al suelo,
Instalamos,
En un instante,
Comenzó el proceso,
El sedal con una mano,
Sujetamos,
Atrasando,
La parte superior,
Lanzamos,
Soltado el sedal,
El hilo corre,
Libre,
Con la fuerza,
Del peso,
Impuesto,

Golpeando el agua,
En ella se introduce,
Y al Fondo llega,
Los peces,
Rodean,
El hilo,
Y el anzuelo,
Con alimento,
Añadido,
La corriente,
Lo mueve,
Y a los peces engaña,
Uno de ellos,
Lo muerde,
Y se escapa,
El único,
Que lo intente,
No será,
Diez minutos,
Pasados,
Un pez,
Muerde el anzuelo,
Y enganchado queda,
Tirones pega,
La caña tuerce,
Fuerza tiene,

El pescador,
Paciencia,
Poco a poco,
El giro del carrete,
Lo atrae,
Mas tirones,
Suceden,
Durante el recorrido,
De atracción,
Con sentido,
Al pescador,
El tiempo,
Eterno se hace,
Una imagen,
Sucede,
Una hermosa carpa,
Aparece,
Un volteo da,
Salpicando el agua,
Alrededor suyo,
Muestra su fortaleza,
Se observa,
Por fin
Una red,
Oculta en el agua,
Mientras el pez,

Se acerca,
Y por sorpresa,
El pez,
Capturado queda,
Fuera del agua,
Se revuelve,
Tranquilo ya,
Se pesa,
Arrojando,
Buen peso,
Y Devuelto al agua,
Para el próximo duelo.

Un día de buceo

Con un traje,
Impermeable,
de neopreno,
Equipado,
con bombona,
Soporte bucal,
para oxigeno,
Administrar,
Y mascara,
Nos adentramos,
En el mar,
En aguas cristalinas,
Sembrado de coral,
Variedades de plancton,
Y peces de vivo color,
Con su Fondo arenoso,
Junto a una roca,
Un hueco,
Se observa,
Una morena,
Asoma la cabeza,
Y recula,
Asustada,
Un grupo de peces,
por encima,
De nuestras cabezas,

Bailando,
De un lado,
A otro,
Un tiburón,
Se acerca,
A esos peces,
Ellos se dividen,
Y se unen,
Nuevamente,
Y el tiburón,
Se marcha,
Sin sus intenciones,
Conseguir,
Unos metros más,
A la lontananza,
Un barco se ve,
Semi hundido,
Por la arena,
Hecho de madera,
Con una imagen,
Tallada,
Un poco afectada,
Una sirena parece,
Con largo pelo,
En su lateral,
Madera fracturada,

Agujereada,
Y quebrada,
En su interior,
Habitado por peces,
De tamaño diverso,
Mas feos,
Y mas lindos,
Continuamos,
Rumbo,
El fondo del mar,
Precioso es,
Con peces,
Y pececitos,
Variados,
Pulpos y similar,
Lo Habitan también,
A cierta distancia,
Una fosa profunda,
Aparece,
Muy oscura,
Y tenebrosa,
Una falla parece,
Numerosas montañas,
subacuaticas,
Se elevan,
Unas altas,

bajas,
y otras medianas,
Ascendemos,
Parando minutos,
Antes,
Oxigenando,
Adecuando,
El cuerpo,
Y posteriormente,
A la superficie,
Salir,
Recogidos somos,
y a casa,
Nos marchamos,
Tras disfrutar,
De un día,
De buceo,
Muy bueno.

Un momento agradable

Cuando agusto estas,
Solo o acompañado,
Un momento sucede,
En un lugar idoneo,
Sin esperarlo,
Surge solo,
Bien sea en un bar,
Con una cerveza,
O vino,
Cubata,
Copa u otros,
Sentado en un sofa,
O en una butaca,
En la barra,
De un bar,
Leyendo,
Hablando,
O debatiendo,
Entre amigos,
O por wassap,
Un momento surge,
A casa tarde llegamos,
Tranquilo y sosegado,
Relajado,
Como si de un desahogo,
Se tratara,

Entre amigos,
O familiares,
Puede ser,
Por la noche,
Tarde o mañana,
Y con las personas,
Adecuadas,
Elegidas,
Por nosotros,
Disfrutando,
Sea con caricias,
Besos y abrazos,
O platicar,
Con esa persona,
O personas,
Siempre hay un momento,
Que tanto disfrutamos,
Y que nunca olvidamos.

La realidad de hoy día

Qué ha sido de ese mundo,
En el que reinaba la paz,
La guerra,
No existía,
La personas,
Felices eran,
Con poco o nada,
El tiempo,
El agua,
Regaba las tierras,
Que frutos,
Nos daban,
Y en los mercados,
Se vendían,
A precios adecuados,
A veces,
El trueque funcionaba,
Y las familias comían,
Los niños y niñas,
Sanos crecían,
Vivian,
Y jugaban,
Qué fue,
De Aquellos tiempos,
En los que vivir,
Se podía,

Y los impuestos,
No nos lo impedía,
Esos tiempos,
Que antaño han pasado,
A los modernos,
De ahora,
En los que nos cosen,
A impuestos varios,
La comida,
Y la primera necesidad,
El IRPF sube,
Nos ahoga,
Nos acorta la vida,
Más pobreza creando,
Enriqueciendo,
Y engordando,
A los ricos,
Mucho más,
La vida,
Para los ricos es,
En este mundo,
Encierra pobreza,
Desahucios,
De las personas ancianas,
Se aprovechan,
Y a la calle,

Las echan,
Sin piedad,
Para que sus últimos días,
Sufriendo se mueran,
Esta vida,
Injusta es,
Hecha para los ricos,
Los pobres,
No tenemos lugar,
Sin derecho a comer,
Soñar y vivir,
Decentemente,
Y sin preocupación alguna,
Esperanza tengo
De que cambie el mundo,
Y los ricos,
Sufran,
Lo que los pobres pasamos.

El recuerdo de un guiso

Un buen guiso,
Un buen gusto desprende,
Un mundo de sabores,
Con un refrito,
De productos picados,
De ajo,
Cebolla,
Pimiento,
Y tomate,
5 minutos,
El disfrute tiene,
Con pescado,
Gambas,
O similar,
Una sustancia,
En el aire, se saborea,
El rico olor,
A lo que bien sabe,
Con arroz,
Fideuá, o similar,
Una buena vianda,
Se cuece,
Hasta sin caldo,
Quedarse,
Cinco minutos esperando,
Un plato maravilloso,

servido en la mesa,
La atención llama,
Entre sabor y olor,
El cerebro se imagina,
Que cuando,
En boca entre,
Los sabores se contemplan,
Y recuerdos te vienen,
Sea de la abuela,
Madre o Padre,
A veces, lloramos,
Echando de menos,
A quién el guiso hizo,
En su día,
Y que mella dejo.

El Cáncer

Maldita enfermedad,
Que a la muerte,
Nos conduce,
No se sabe,
Cuando viene,
Como se origina,
Como nos mata,
Poco a poco,
A personas afectadas,
Por esta enfermedad,
Personas hay,
Que lo pasan,
Héroes para mi son,
Valientes,
Que vuelven a vivir,
Que otra oportunidad tienen,
Con felicidad viven,
Y fortalecidos,
De su curación,
Pero los pobres,
A los que le complica,
Le quedan 1 mes,
Dos o un año,
A dios le pido,
Que quite ese castigo,
Injusto por supuesto,

Que le guía hasta la muerte,
Por desgracia,
Al que le toca,
Fallece sin querer,
Solo o acompañado,
De familiares,
Amigos,
Y personas que le quieren,
Pero ya no hay remedio,
Es el fin que nadie quiere,
Y nadie desea.

El osito de la infancia

Quien de niño/a,
No ha tenido un oso,
De peluche creado,
Que, a dormir,
Ayuda,
Quien, no ha tenido,
Ese amigo,
de tela, cosido,
de espuma,
Relleno,
Cuando al colegio,
Vas,
De menos lo echas,
Un compañero, de cama,
Con quien hablas,
Abrazas,
Quieres,
Y que, sin él,
No puedes pasar,
Estés donde estés,
Con el que juegas,
Y pasas el rato,
Antes de dormir,
Es un recuerdo,
Que de mayor,
Ya lejano, lo vemos,

Acordándonos,
De los tiempos buenos,
Hay quien, aun lo tenga,
Y con cariño,
Lo conserva,
Un recuerdo,
De infancia,
Imposible de olvidar.

Amor a primera vista

Andando por el páramo,
El caballero va,
Largas melenas,
De dorado color,
Peina el aire,
Con recortada,
Y cuidada barba,
Que luce elegancia,
Y un buen postor,
Para una dama,
De bien,
Elegante, y hermosa,
Que durante el camino,
No ve,
Más tarde,
Tal vez,
Pasando un bosque,
Por un prado pasa,
Alguien su atención, llamó,
Próximo a un sendero,
Una imagen,
La vista le cegó,
Una diosa linda,
Hermosa y bella,
En la lontananza, observó,
El caballero,

Inmóvil se queda,
Un flechazo le sujeta,
Ante tal belleza,
Una mujer,
Hermosa y bella,
Protegida por el prado,
Acariciada por el sol
Y el roció de la mañana,
Allí estaba la dama,
Cuando moverse pudo,
El caballero se acerco,
La dama cuenta se dio,
Y a su lado lo encontró,
Las miradas, se cruzaron,
Y un largo rato pasó,
Cuando entre ellos,
Un amor floreció,
Tan grande,
Como el mismo sol,
Sus manos, se juntaron,
Y el sendero,
Juntos caminaron,
Cupido su trabajo realizó,
Y una familia formó.

El silencio

Un momento tranquilo,
Todos merecemos,
Un sonido,
Sin ser sonido,
La mente despeja,
Las ideas aclara,
Un instante,
Sin nadie,
No escuchando nada,
Solo centrado,
Ubicado en sí mismo,
De vez en cuando,
No apetece,
Necesario, es,
Todo el día, no,
Solo un instante,
Cuando agobiado estas,
A solas apetece,
Un rato buscamos,
Para la mente descansar,
Y las ideas aclarar,
Sin nadie alrededor,
Mejorando mente,
Y alma,
Un instante,
Un segundo,

O una hora,
Un tiempo necesario,
Que la mente demanda.

Una flor llamada Rosa

Vistosa y hermosa,
Linda va la Rosa,
De variado color,
Y olor.
Estas flores,
Hermosas, son,
En un arbusto,
Se ubican,
Aunque espinoso sea,
Su trabajo cumple,
Protege sus flores,
Que bellas
Se muestran.
Arrojando olores,
Y fragancias,
Que la nariz,
recibe, e inspira,
Percibiendo paz,
Tranquilidad y bien estar,
Transmiliendo al aire,
Una fragancia,
Imposible de olvidar.
Para ramos,
Se utilizan,
Como obsequio,
A un amor querido,

A una persona, merecida,
Como tradición,
De una persona enamorada,
O de agradecimiento,
A una madre.
En su santo,
Aniversario,
O evento relacionado.
Pena da,
Cuando son cortadas,
Cuando sus pétalos,
En bodas,
Son esparcidas.
Marchitas,
Se quedan,
Cuando un tiempo,
En agua, permanecen,
Y fallecen.

El destino

Nadie sabe,
Se ignora,
Nuestro futuro,
Dónde iremos,
Y viviremos,
Acompañados,
Viudos O casados,
En pareja,
O quién sabe cómo,
Cuándo y qué,
Nos depara el destino,
Llegando bien,
Y con salud,
Agradecidos,
Podemos estar,
El lugar,
Sea playa,
o Montaña,
Incluso,
Al lado de un rio,
En una casa grande,
O pequeña,
Junto a una chimenea,
Acurrucados,
El uno con el otro,
Abrazados,

Cubiertos con una manta,
Felices y a gusto,
Pasando día a día,
Es el destino, que deseo,
Hasta el fin,
Con mi esposa,
Escuchando las olas,
La lluvia caer,
Disfrutando de la vida,
De la Vejez,
Sin que un despertador suene,
Para ir a trabajar,
Una vez estemos,
Retirados o Jubilados,
Dios sabe que destino,
Nos brinda,
Desconozco dónde,
Cuándo,
Y ni Cuánto nos queda,
Para disfrutar de las andanzas,
Y una vida digna,
Con pensión adecuada,
Y justa,
De dos personas,
Que con vida,
Queremos disfrutar.

Es mi deseo,
Y cumplir quiero,
Disfrutando con mi amor,
La paz,
Tranquilidad,
Y la comodidad,
De vivir,
Lo que el destino,
Me conceda,
Según él crea adecuado.

La salud

Es lo que siempre,
Pedimos,
Lo que más solicitamos,
Muchos sufren,
Por falta de salud,
Otros disfrutan,
De tener buena salud,
Pero quién diga que no,
Miente,
Todos Buenos,
Queremos estar,
Y los que bien están,
Perderla no quieren,
Es un premio,
Difícil de acertar,
Unas veces,
Tocan nuestros números,
Sin concursar,
Otras veces,
Ni somos agraciados,
Muy difícil es,
Saber que dolencias,
Enfermedades,
O maldiciones,
Nos toca sufrir,
Como a nuestro cuerpo,

O parte de nosotros,
Afectará,
Eso sí,
Mal lo vamos a pasar,
Con pastillas,
Alivia,
Con fármacos,
Permanente,
El médico soluciona,
Pero al final,
Sufrir,
A la idea,
Nos tenemos que hacer,
Queramos o no
Tarde o temprano.

El sufrimiento en la vida

Un sentimiento,
Una amargura,
Que de nuestro cuerpo,
Se apodera,
Un mal,
Que pasa factura,
Y con psicólogos,
Terminamos,
O con psiquiatras,
En su caso,
Solución, pastillas,
O Charlas orientativas,
Que ayudan,
O no,
A cada persona,
Puede durar,
O no,
Según el sufrimiento,
Tema a tratar,
Por el caso,
Adquirido,
Padecido,
O afligido, por un desgracia,
O suceso soportado.
Algún día, sufrido,
Que mella deja,

Que se padece,
ngustiosa,
Y amargada,
Que a veces,
Al suicidio lleva,
Con ayuda,
Se recupera,
Mucha paciencia,
Hay que tener,
Para ayudar,
E intentar solucionar,
Un hecho acaecido,
Y sufrido,
Del que cuesta salir,
Y contarlo, más,
Especialistas tenemos,
Buenos o malos,
Que enseñan,
La Luz o la salida,
Al final del túnel,
Cambiándonos la vida,
Algunas veces, sí,
Otras, no,
Con o sin final feliz,
Sin solución,
Unas pocas,

Mejoradas,
O mentalmente,
Sanadas,
Otras tantas,
Continúan insistiendo,
Con ayuda,
Para conducir,
Por un buen camino,
A aquellos,
Que más duro,
Lo padecen.
Estos facultativos,
O Matasanos,
Como vulgarmente dicen,
Pero tarde,
O temprano,
Nos Equilibran,
Y nos liberan,
De esa pesadez,
Ese ladrillo imaginario,
Que llevamos,
O sostenemos,
Sobre la cabeza,
Que nos amarga,
O nos provoca,
Autolíticas ideas,

Que a familiares,
Y amigos,
No lo llevan bien,
Ni nos quieren perder.-
Animo, pido,
Que de todo se sale,
Tarde o temprano,
Con ayuda,
Por supuesto,
Por Facultativos,
O familia,
Jamás nos rendimos,
Nunca nos agotamos,
Y después,
Con buen resultado,
Disfrutamos,
Y Vivimos.

El recreo

Llega el momento,
El timbre suena,
Niños/as al recreo,
Algunos,
A jugar al futbol,
Otros, baloncesto,
Algunos almuerzan,
Charlan,
Y luego están los abusones,
Que destrozan el momento,
A espaldas,
Y sin darse cuenta,
Los profesores.
El recreo, es un mundo,
A quién bien lo pasa,
Otros mal,
Y finalmente,
Los que pasan de todo,
Y no se acercan a nadie.
Se reúnen varios,
Eligen un jefe,
Para el Capitán del equipo,
Siempre lideres supuestamente,
Y éstos escogen,
Formando un equipo,
Con un árbitro,

Que se ofrece,
Comienza el partido,
Tan solo dura,
El tiempo del recreo,
Jamás terminan bien,
Poco después,
El enfado se pasa,
Y amigos, vuelven a ser.
Los abusones,
A su tarea,
Quitar bocadillos,
Dinero,
O lo que se le antoje,
Caso contrario,
Guantazo,
Y le quitan todo.
Por otra parte,
En otro lado,
Un grupo,
Se reúne,
Charlando lo pasan,
Disfrutando del debate,
Sentados o de pie,
Allí están,
Ya queda poco recreo,
Los futbolistas,

empate van,
O ganando,
Los tertulianos,
A un acuerdo llegan,
Pero para nada sirve,
Otros a muchos juegos,
Pasan el rato,
Llega el momento,
Se acabó el recreo,
Los libros y cuadernos,
Les llama,
Y con la mente despejada,
Comienza la clase,
Prestos están,
Y pendientes,
A las explicaciones,
Exámenes o ejercicios,
Página 105/106
Antología de Adoradom
Que les manden.
Algunos listos andan,
Y a casa, con la tarea,
Hecha llevan,
Y la tarde libre,
Tienen.
Comienza la clase,

Silencio se forma,
El maestro empieza.

Índice